Bernhard Triebel, Sigurd. lbt Ring

Lichtenstein - Oper in 4 Akten

Bernhard Triebel, Sigurd. Ibt Ring

Lichtenstein - Oper in 4 Akten

ISBN/EAN: 9783743648920

Hergestellt in Europa, USA, Kanada, Australien, Japan

Cover: Foto ©Thomas Meinert / pixelio.de

Weitere Bücher finden Sie auf **www.hansebooks.com**

Lichtenstein.

OPER IN 4 AKTEN
von
Bernhard Triebel.

Dichtung nach Hauff's gleichnamiger Sage von
SIGURD RING.

No 13694.

Vollständiger Klavier-Auszug mit Text ℳ 12.— netto

Verlag und Eigenthum für alle Länder

von JOHANN ANDRÉ, OFFENBACH a/Main.

INHALT:

No.		Seite
1.	Preludio-Melodrama	5

Erster Akt.

2.	Introduction und Chor: „Schmückt lustig den Saal"	9
3.	Scene (Bertha, Maria, Dietrich): „Maria! wir sind am Ziel"	15
3bis	Recitativ: „Gott grüsse Euch, Maria!"	17
4.	Duo (Maria und Georg): „Maria, wir sind allein"	19
4bis	Recitativ: „Maria! Herr Ritter! ei, was seh' ich!"	28
5.	Festlicher Aufzug und Chor: „Die altehrwürdige Halle"	29
5bis	Recitativ: „Ein Dank der schönen Donaustadt"	37
6.	Weinlied (Hans): „Den liebsten Buhlen, den ich han"	39
7.	Finale des ersten Aktes	43

Zweiter Akt.

Erstes Bild.

8.	Entr'acte	62
9.	Lied Bärbele's: „Am Strauch an der Haide die blühende Ros'"	64
9bis	Recitativ: „Wo nur der säumige Vater weilt!"	68
10.	Duett (Bärbele, Georg): „Gelt, ihr habt Kummer, Herr?"	71
	Lied (Georg): „Oft sass ich zu Mutters Füssen"	78
11.	Chor der Landsknechte und Kartenscene.	
	a) Chor der Landsknechte: „Wohlauf! Ihr Gesellen, zum süftigen Trank!"	81
	b) Kartenscene: „Wie schlagen wir die Zeit nun todt?"	85
12.	Spielmann's Lied (Hans): „Es blühte vor dem Thor die Lind'"	95
13.	Schluss-Scene und Chor: „Was ich für einen Spass d'ran hätt'!"	98

Zweites Bild.

14.	Introduction, Scene und Arie: „Und wieder hat die Nacht erweckt"	100
15.	Finale des zweiten Aktes	122

Dritter Akt.

16.	Introduction und Kirchenscene: „Agnus Dei"	152
17.	Scene und Ensemble: „Wir sind gleich dorten"	162
18.	Trinklied und Chor: „Bald lädt die Nacht zum Ruhen uns ein"	172
19.	Fackeltanz und Hochzeitsreigen.	
	a) Fackeltanz	184
	b) Hochzeitsreigen	188
20.	Finale des dritten Aktes	192

Vierter Akt.

21.	Introduction und Chor: „Ihr Schläfer, auf! der Tag erwacht!"	203
22.	Scene und Recitativ: „Guten Morgen, Leute!"	209
23.	Chor und Ensemble: „Ei seht doch, welche Missgestalt"	212
23bis	Recitativ: „Wem gebet Ihr solch' froh' Geleit?"	218
24.	Finale des vierten Aktes	218

Personen:

Ulrich, Herzog von Württemberg.
Der Ritter von Lichtenstein.
Maria, dessen Tochter.
Georg von Sturmfeder, ein fränkischer Ritter.
Georg von Frondsberg, Oberstfeldhauptmann des schwäbischen Bundes.
Truchsess, Freiherr von Waldburg, Oberstfeldlieutenant.
Franz von Sikkingen,
Ludwig von Hutten,
Christoph, Graf zu Ortenberg, } Bundesoberste.
Alban von Glosen,
Diepolt von Stein,
Dietrich von Spät,
Hans, genannt „der Pfeifer von Hardt".
Bärbele, dessen Tochter.
Dietrich von Kraft, Schreiber des Ulmer Raths.
Bertha von Besserer, dessen Base.
Volland, des Herzogs Kanzler.
Doctor Calmus.
Der lange Peter,
Muckerle, } Führer der Landsknechte.
Löffler,
Staberl,

Der Burgwart des Schlosses Lichtenstein. Bürgermeister und Rath der Städte Ulm und Stuttgart. Ritter des Herzogs. Ritter des schwäbischen Bundes. Herolde und Edelknaben. Ulmer und Stuttgarter Patricier und Bürger. Zunftmeister, Zünfte und Gilden. Frauen, Jungfrauen und Kinder. Landsknechte und Knappen. Trompeter, Pauker und Trommler. Fahnen- und Fackelträger. Musikanten und Volk.

Ort der Handlung:

I. Akt: **Im Rathhaussaale zu Ulm.** II. Akt: **Im „goldenen Hirsch" zu Pfullingen und vor Burg Lichtenstein.** III. Akt: **Schlossplatz zu Stuttgart.** IV. Akt: **Im Lager der Bündischen.**

Zeit: 1519.

Im I. Akt: Festlicher Aufzug.
Im III. Akt: Fackeltanz und Hochzeits-reigen.

Lichtenstein.

OPER IN VIER AKTEN

VON

Bernhard Triebel.

No 1. Preludio = Melodrama.

(Die Nebelhöhle.)

Dichte Nebelmassen wälzen sich über die Bühne. Allmählich theilt sich der Dunst; von einer einzigen Fackel dämmerig erleuchtet, zeigt sich die Nebelhöhle mit ihren kühnen Bogen, Säulen und prächtig schimmernden Wänden. Herzog Ulrich, das Haupt im Schoose des Pfeifers von Hardt liegt schlafend auf dem Boden.

Verlag & Eigenthum für alle Länder von Johann André in Offenbach a/Main.

(Ein Genius erscheint über den Schlafenden.) Der Genius spricht: „Die

Allgewalt hat mich herabgesandt, der Zukunft Schleier zu enthüllen,

die Brust des Herrschers in dem Neckarland mit Trost und Hoffnung zu erfüllen,

Besiegt, verfolgt von Deinem bittren Feind, wird Elend Dir die Flucht erschweren, doch wirst Du,

wenn der frohe Tag erscheint, zur Heimath siegreich wiederkehren. Dann blüht in Württemberg ein

neu Geschlecht; es wird sich **furchtlos** immer zeigen, **treu** dient der Bürger ihm und treu der Knecht;

ihm wird die Königskrone eigen!"

Über der Erscheinung sind in glühenden Buchstaben die Worte: „**Furchtlos und treu**" sichtbar

geworden. Der Genius verschwindet; an seiner statt strahlt eine Königskrone. Der Fürst streckt ver-

langend die Hand aus. Da tönen von ferne Trompeten und Trommeln; das Traumbild zerfliesst; der Herzog

erwacht und richtet sich schlaftrunken auf. Nebelmassen erfüllen wieder die Bühne. (Verwandlung.)

Erster Akt.

(Der Rathhaussaal zu Ulm.)

Männer, Frauen und Kinder sind mit dem Schmücken desselben beschäftigt; rechts und links werden lange Tische gedeckt.

№ 2. Introduction und Chor.

(Erster Akt.)

№ 3. Scene.

(Erster Akt.)

No 3 bis Recitativ.

(Georg eilt herein, Maria geht ihm rasch entgegen. Beide reichen sich die Hände und schauen sich innig an.)

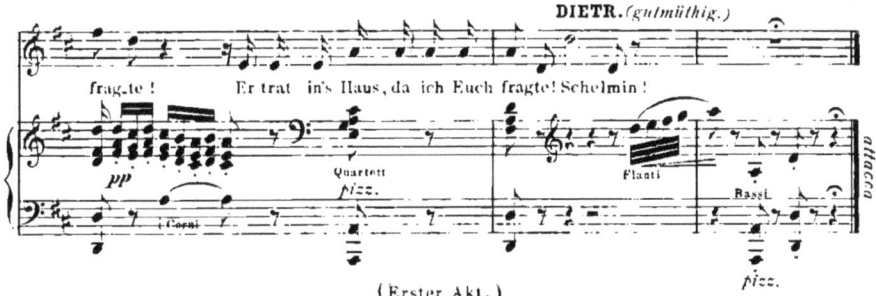

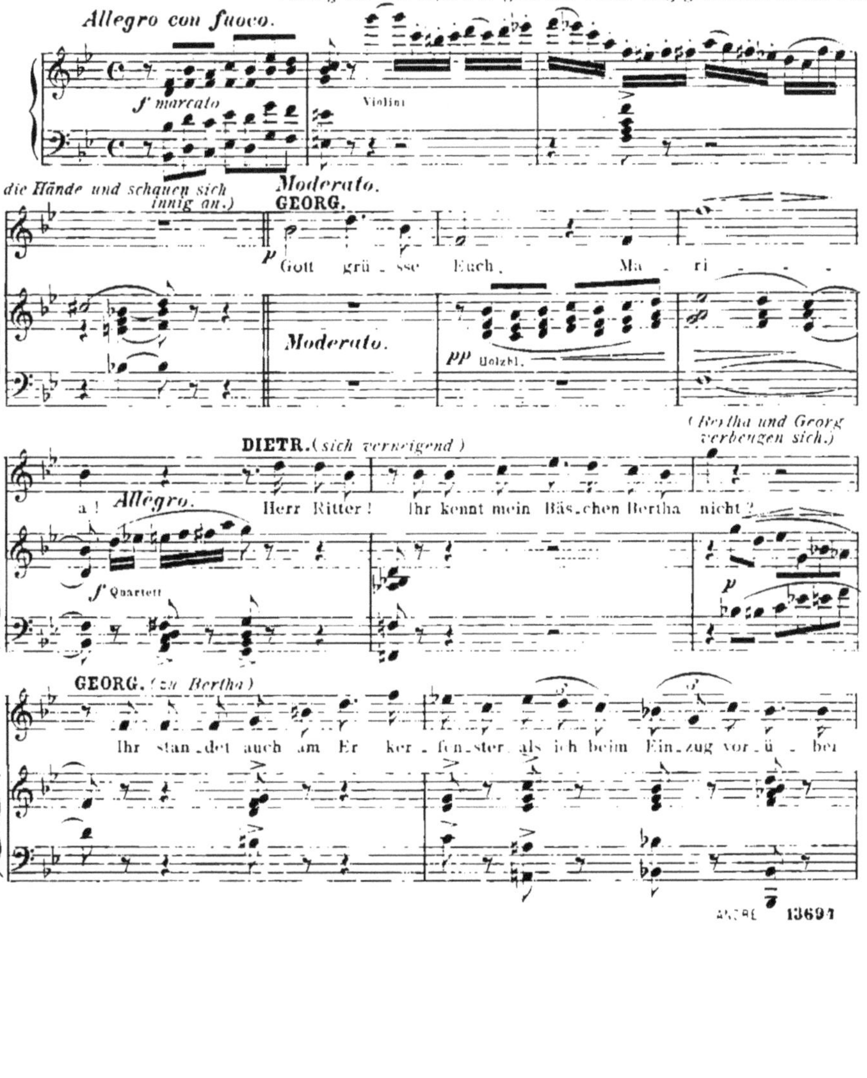

(Erster Akt.)

Nº 4. Duo.
(Maria und Georg.)

(Erster Akt.)

No 5. Festlicher Aufzug und Chor.

(Voran der Führer des Zuges, angethan mit den Ulmer Farben und das Banner der Stadt tragend. Hinter ihm 4 Fanfarenbläser und Landsknechte. Darauf nahen die verschiedenen Zünfte und Gilden mit ihren Abzeichen, geführt von den Zunftmeistern. E erscheinen Musiker mit Trompeten, Posaunen, Zinken und Pauken, gefolgt von Jungfrauen, die Blumen streuen. Mit heiterem Gesicht schreitet Georg von Frondsberg einher; zu seiner Linken der finsterschauende Truchsess von Waldburg; hinter beiden paarweise die Bundesobersten und Ritter des schwäbischen Bundes. Mitten unter ihnen wird die Bundesfahne getragen. Nun schliessen Patricier mit ihren Frauen, gefolgt von einem Trupp Landsknechte, der sich alsbald im Vorsaal vertheilt, den Zug.)

(Erster Akt.)

N⁰ 5 bis Recitativ.

(Knaben und Jungfrauen warten mit Speise und Trank auf. Georg und Maria haben an dem Tische zur Linken, gegenüber Frondsberg und Waldburg, Dietrich und Bertha an dem Tische zur Rechten, neben Calmus, Platz genommen.)

(Erster Akt.)

№ 6. Weinlied.
(Original aus dem 16ten Jahrhundert.)

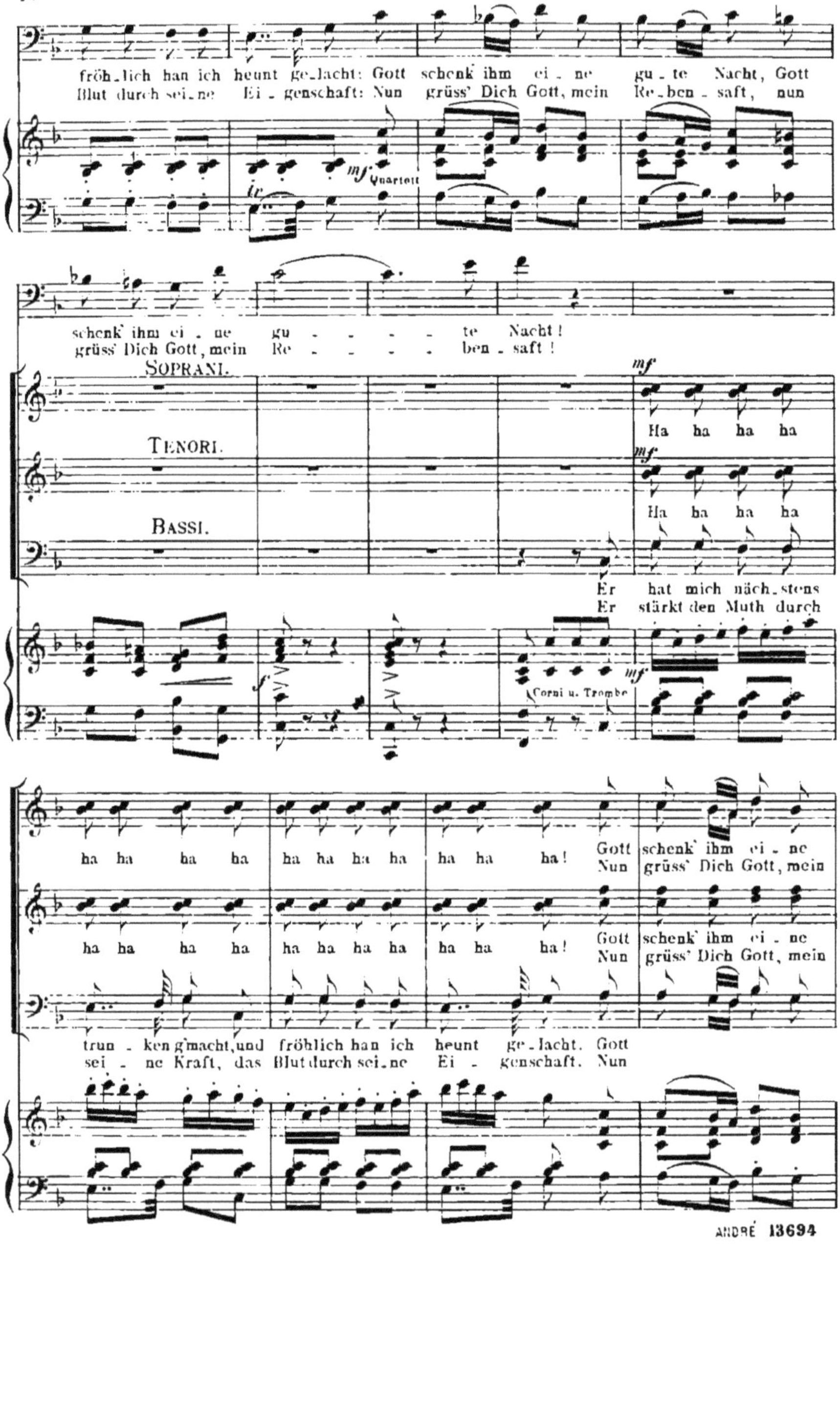
fröh_lich han ich heunt ge_lacht: Gott schenk' ihm ei _ ne gu _ te Nacht, Gott
Blut durch sei_ne Ei _ genschaft: Nun grüss' Dich Gott, mein Re_ben _ saft, nun
mf Quartett
tr
schenk' ihm ei _ ne gu - - - - - te Nacht!
grüss' Dich Gott, mein Re - - - - - ben _ saft!
SOPRANI.
TENORI.
BASSI.
mf
Ha ha ha ha
Er hat mich näch_stens
Er stärkt den Muth durch
Corni u. Trombe
ha ha ha ha ha ha ha ha ha ha ha! Gott schenk' ihm ei _ ne
Nun grüss' Dich Gott, mein
trun _ ken g'macht, und fröhlich han ich heunt ge_lacht. Gott
sei _ ne Kraft, das Blut durch sei_ne Ei _ genschaft. Nun

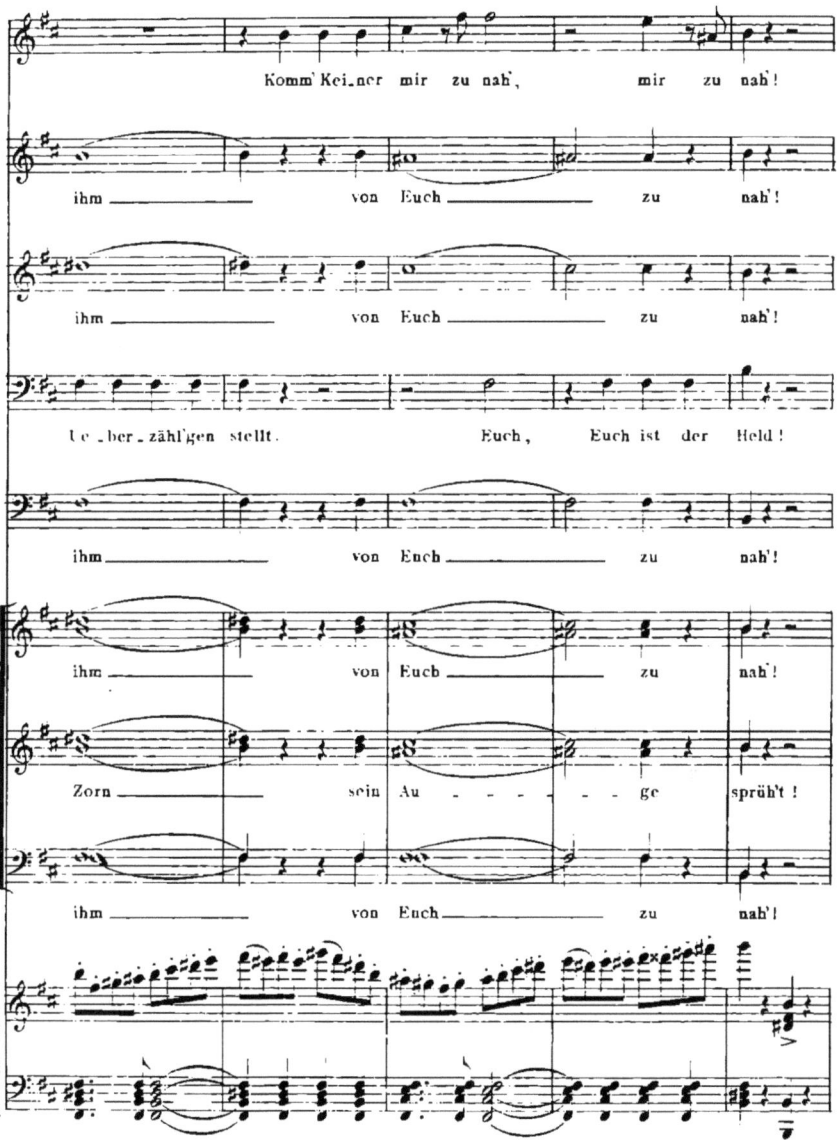

Georg stösst mit der Linken den zunächststehenden Landsknecht weit von sich und schlägt einem Andern die Hellebarde aus der Hand, gewinnt dadurch freien Raum und eilt dem Ausgange zu.

nachsetzen; da reisst sich Maria, von der sie haltenden Bertha los, stürzt sich den Landsknechten in

den Weg und versperrt den Ausgang, indem sie sich mit abwehrenden Armen muthig davorstellt.

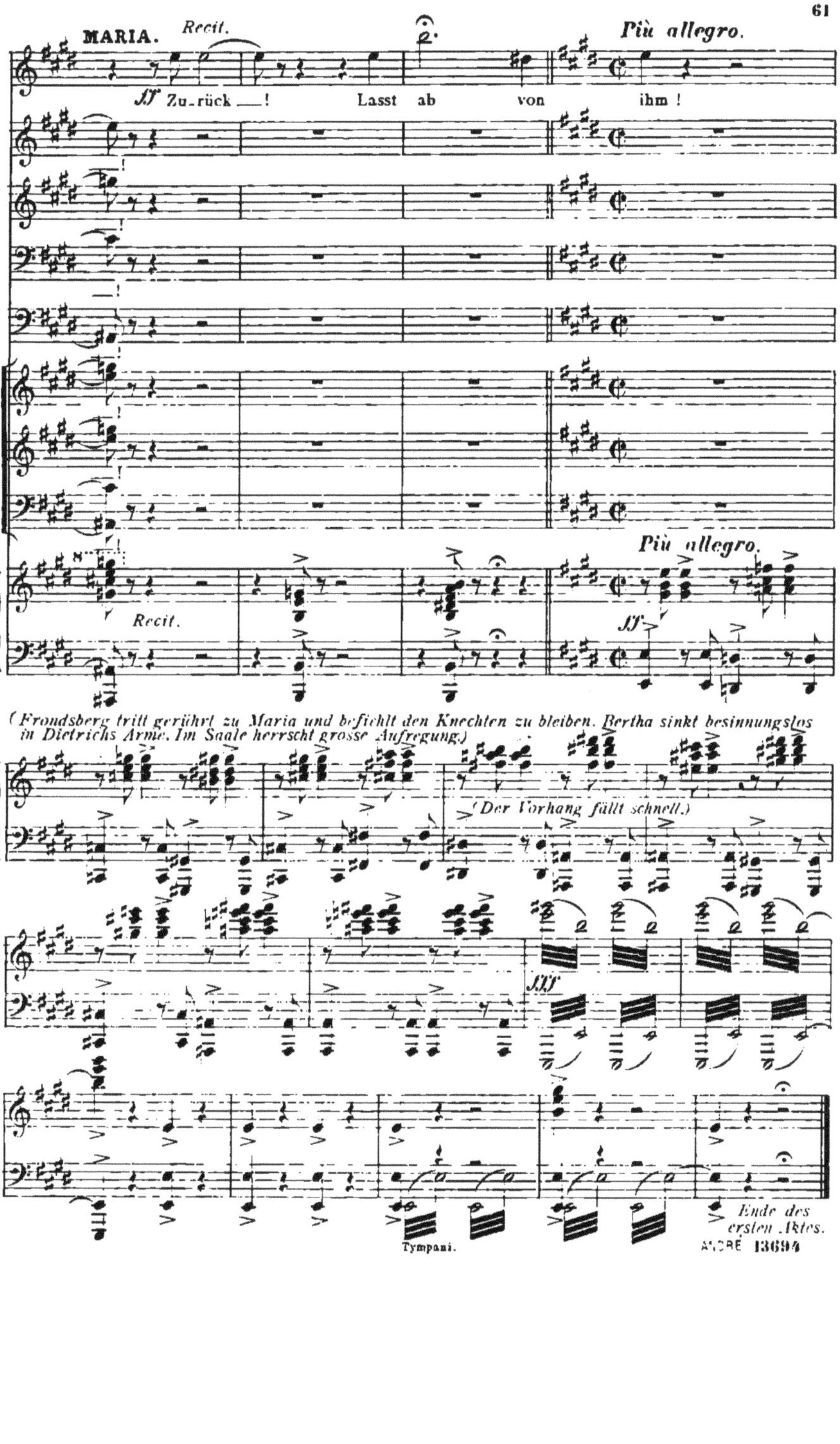
MARIA. Recit.
ff Zu-rück —! Lasst ab von ihm!
Più allegro.
Recit.
Più allegro.
ff
(Frondsberg tritt gerührt zu Maria und befiehlt den Knechten zu bleiben. Bertha sinkt besinnungslos in Dietrichs Arme. Im Saale herrscht grosse Aufregung.)
(Der Vorhang fällt schnell.)
fff
Tympani.
Ende des ersten Aktes.

Zweiter Akt.

I. Bild.

*Trinkstube im "goldenen Hirsch" zu Pfullingen.
Es ist gegen Abend. Bärbele sitzt allein
spinnend im Erker.*

N⁰ 8. Entr'acte.

(Zweiter Akt.)

№ 9. Lied Bärbele's.

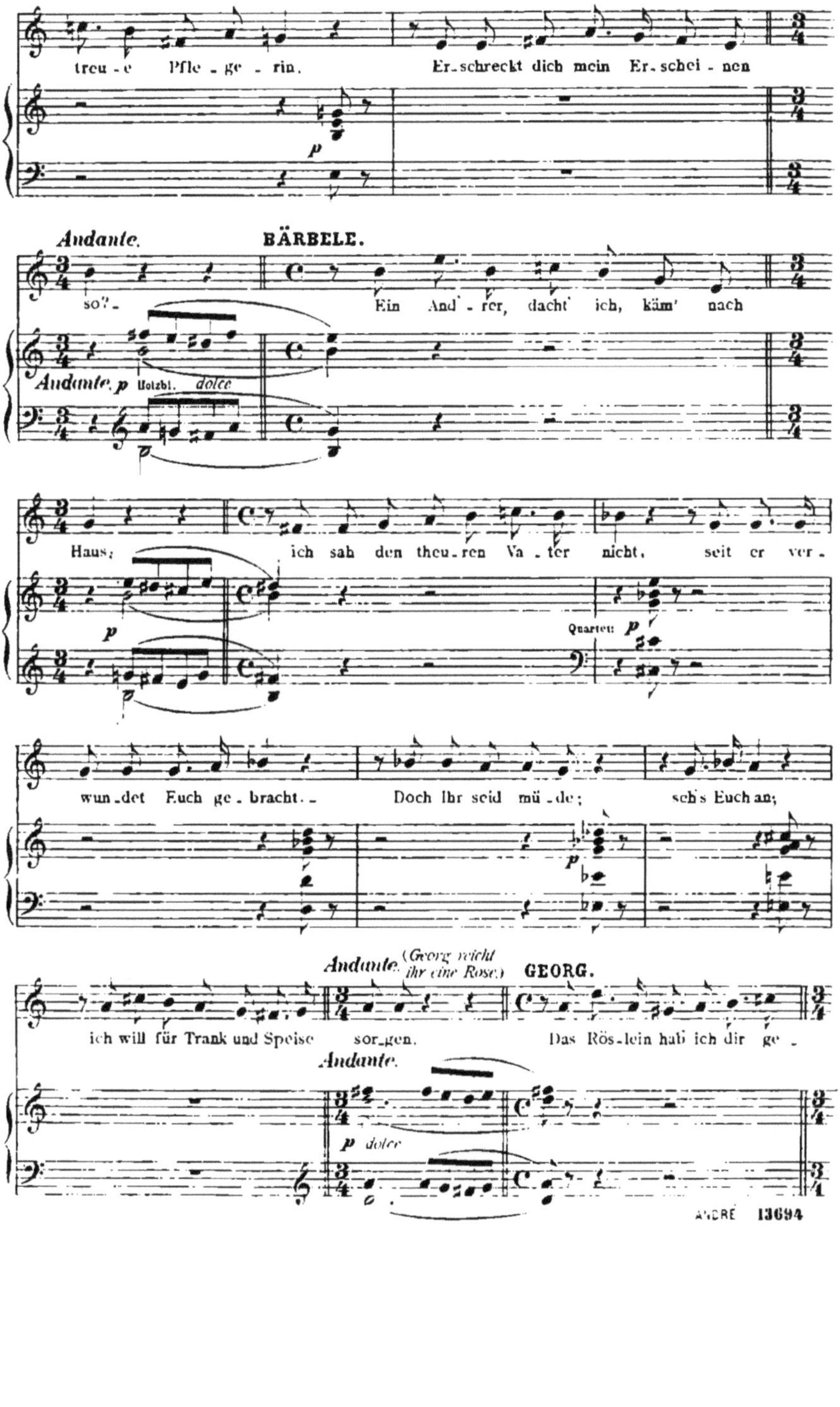
treu-e Pfle-ge-rin. Er-schreckt dich mein Er-schei-nen
p
Andante. BÄRBELE.
so?- Ein And'-rer, dacht' ich, käm' nach
Andante. p Holzbl. dolce
Haus; ich sah den theu-ren Va-ter nicht, seit er ver-
p
Quartett p
wun-det Euch ge-bracht.- Doch Ihr seid mü-de; seh's Euch an;
p
Andante. (Georg reicht ihr eine Rose.) GEORG.
ich will für Trank und Speise sor-gen. Das Rös-lein hab ich dir ge-
Andante.
p dolce

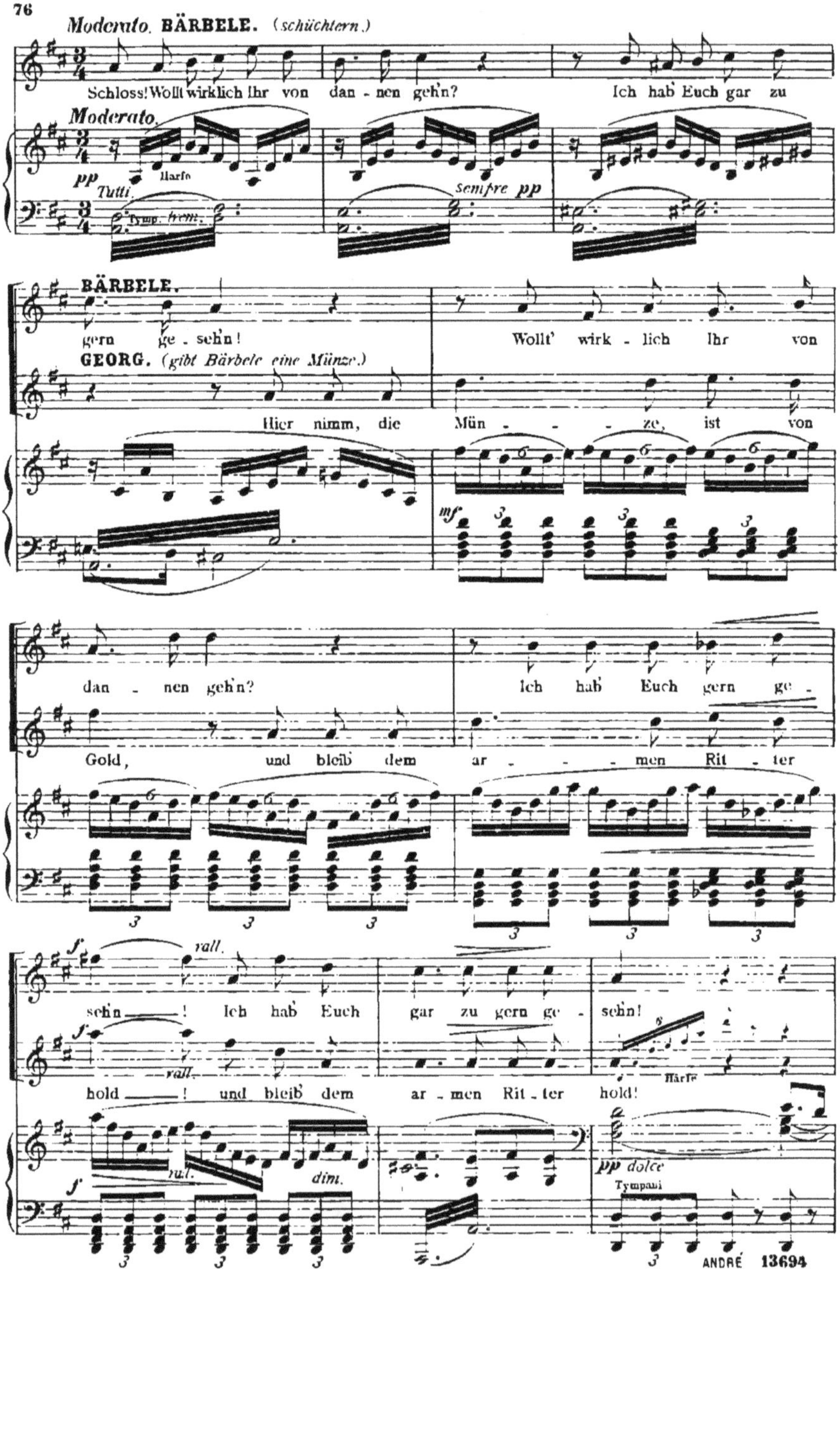
Moderato. BÄRBELE. (schüchtern.)
Schloss! Wollt wirklich Ihr von dan - nen geh'n? Ich hab' Euch gar zu
Moderato.
pp Tutti Harfe
Tymp. trem.
sempre pp
BÄRBELE.
gern ge - seh'n! Wollt' wirk - lich Ihr von
GEORG. (gibt Bärbele eine Münze.)
Hier nimm, die Mün - - - - ze, ist von
mf
dan - nen geh'n? Ich hab' Euch gern ge -
Gold, und bleib' dem ar - - - - men Rit - ter
seh'n! Ich hab' Euch gar zu gern ge - seh'n!
rall.
hold! und bleib' dem ar - men Rit - ter hold!
Harfe
rall. dim.
pp dolce
Tympani

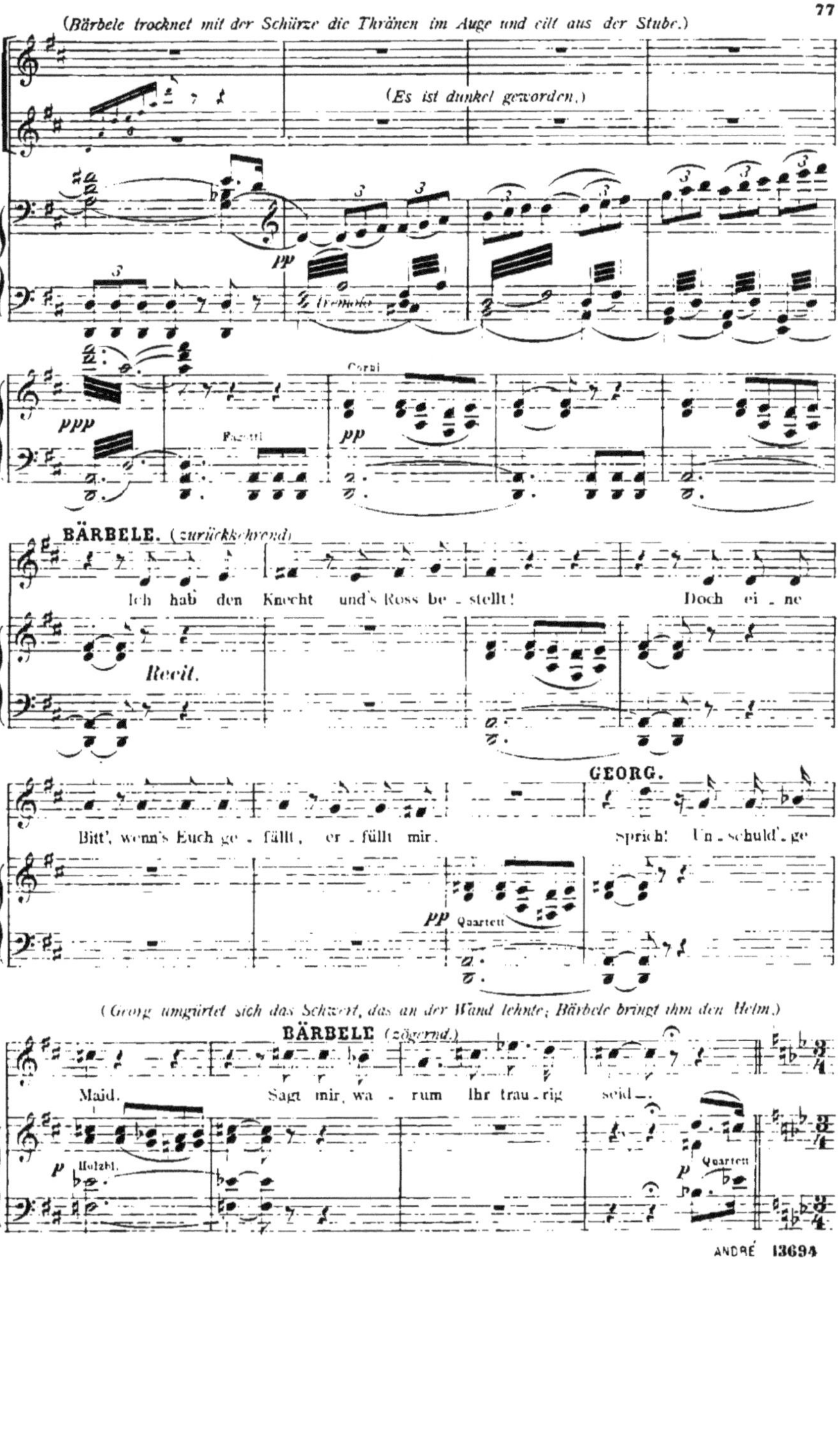

77

(Bärbele trocknet mit der Schürze die Thränen im Auge und eilt aus der Stube.)

(Es ist dunkel geworden.)

BÄRBELE. *(zurückkehrend)*
Ich hab den Knecht und's Ross bestellt! Doch eine Bitt', wenn's Euch gefällt, erfüllt mir.

GEORG.
Sprich! Unschuld'ge Maid.

(Georg umgürtet sich das Schwert, das an der Wand lehnte; Bärbele bringt ihm den Helm.)

BÄRBELE *(zögernd.)*
Sagt mir, warum Ihr traurig seid.

(Zweiter Akt.)
№ 11. Chor der Landsknechte & Kartenscene.

a, Chor der Landsknechte.

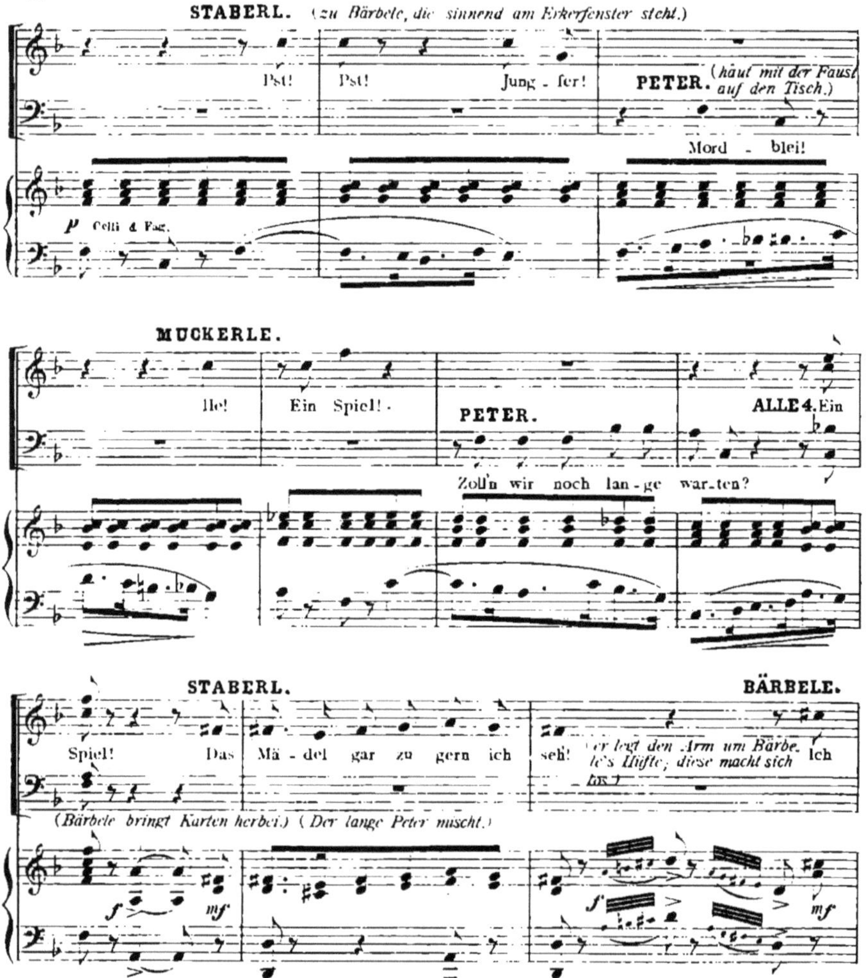

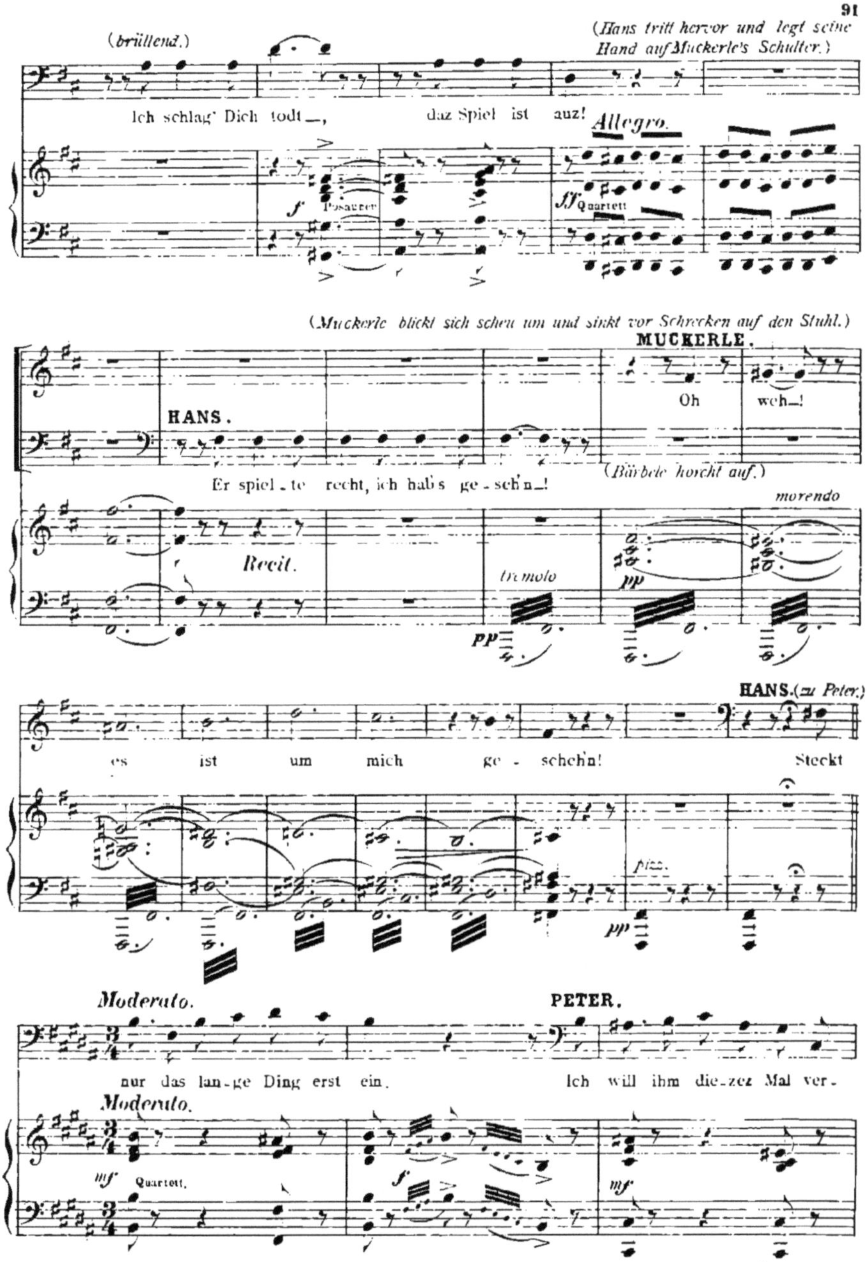

(Hans tritt hervor und legt seine Hand auf Muckerle's Schulter.)
(brüllend.)
Ich schlag' Dich todt_, daz Spiel ist auz!
Allegro.
f
Posaunen
ff Quartett
(Muckerle blickt sich scheu um und sinkt vor Schrecken auf den Stuhl.)
MUCKERLE.
Oh weh_!
HANS.
Er spiel_te recht, ich hab's ge_seh'n_!
(Bärbele horcht auf.)
morendo
Recit.
tremolo
pp
pp
es ist um mich ge_scheh'n!
HANS. (zu Peter.)
Steckt
pizz.
pp
Moderato.
PETER.
nur das lan_ge Ding erst ein.
Ich will ihm die_zez Mal ver_
Moderato.
mf Quartett.
f
mf

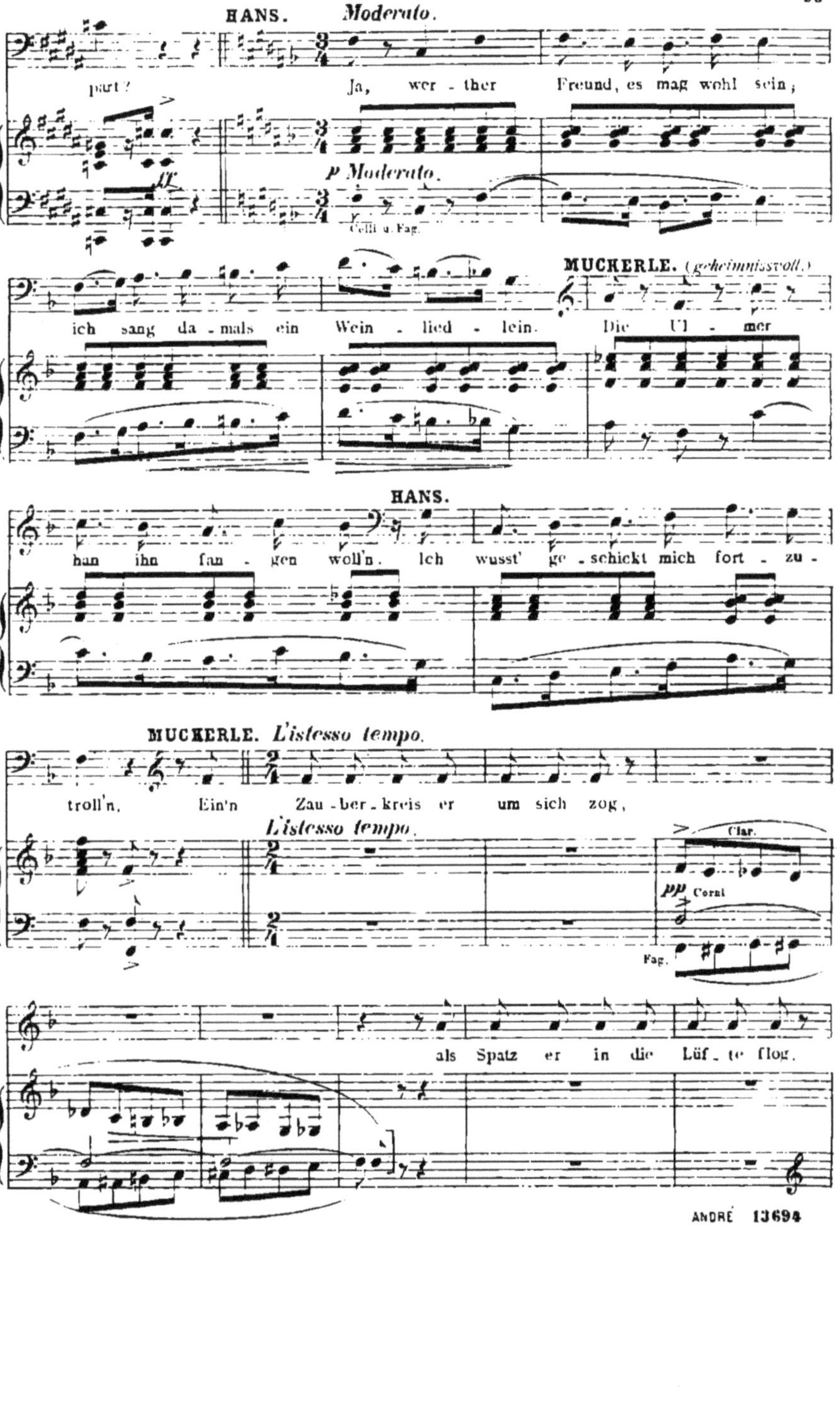
HANS. Moderato.
part?
Ja, wer - ther Freund, es mag wohl sein;
p Moderato.
Celli u. Fag.
ich sang da - mals ein Wein - lied - lein.
MUCKERLE. (geheimnissvoll.)
Die Ul - mer
han ihn fan - gen woll'n.
HANS.
Ich wusst' ge - schickt mich fort - zu -
MUCKERLE. L'istesso tempo.
troll'n. Ein'n Zau - ber - kreis er um sich zog,
L'istesso tempo.
Clar.
pp Corni
Fag.
als Spatz er in die Lüf - te flog.

(Zweiter Akt.)

No 12. Spielmanns Lied.
(Hans.)

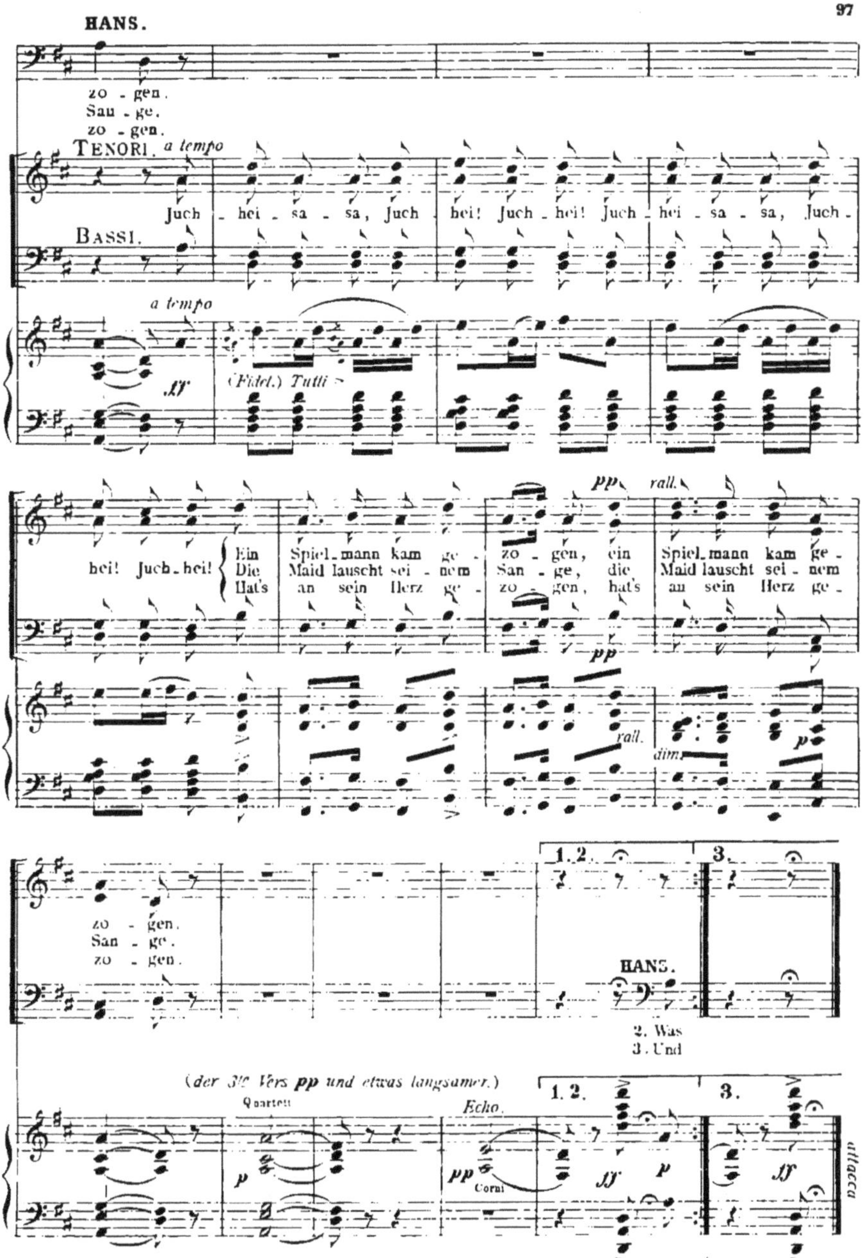
HANS.
zo - gen.
Sau - ge.
zo - gen.
TENORI. a tempo
Juch - hei - sa - sa, Juch - hei! Juch - hei! Juch - hei - sa - sa, Juch -
BASSI.
a tempo
ff
(Fidel.) Tutti
hei! Juch - hei! Ein Spiel - mann kam ge - zo - gen, ein Spiel - mann kam ge -
Die Maid lauscht sei - nem San - ge, die Maid lauscht sei - nem
Hat's an sein Herz ge - zo - gen, hat's an sein Herz ge -
pp rall.
pp
rall.
dim.
p
zo - gen.
San - ge.
zo - gen.
1. 2.
3.
HANS.
2. Was
3. Und
(der 3te Vers pp und etwas langsamer.)
Quartett
Echo.
p
pp
Corni
ff
p
ff
attacca

(Zweiter Akt.)

N° 13. Schluss-Scene und Chor.

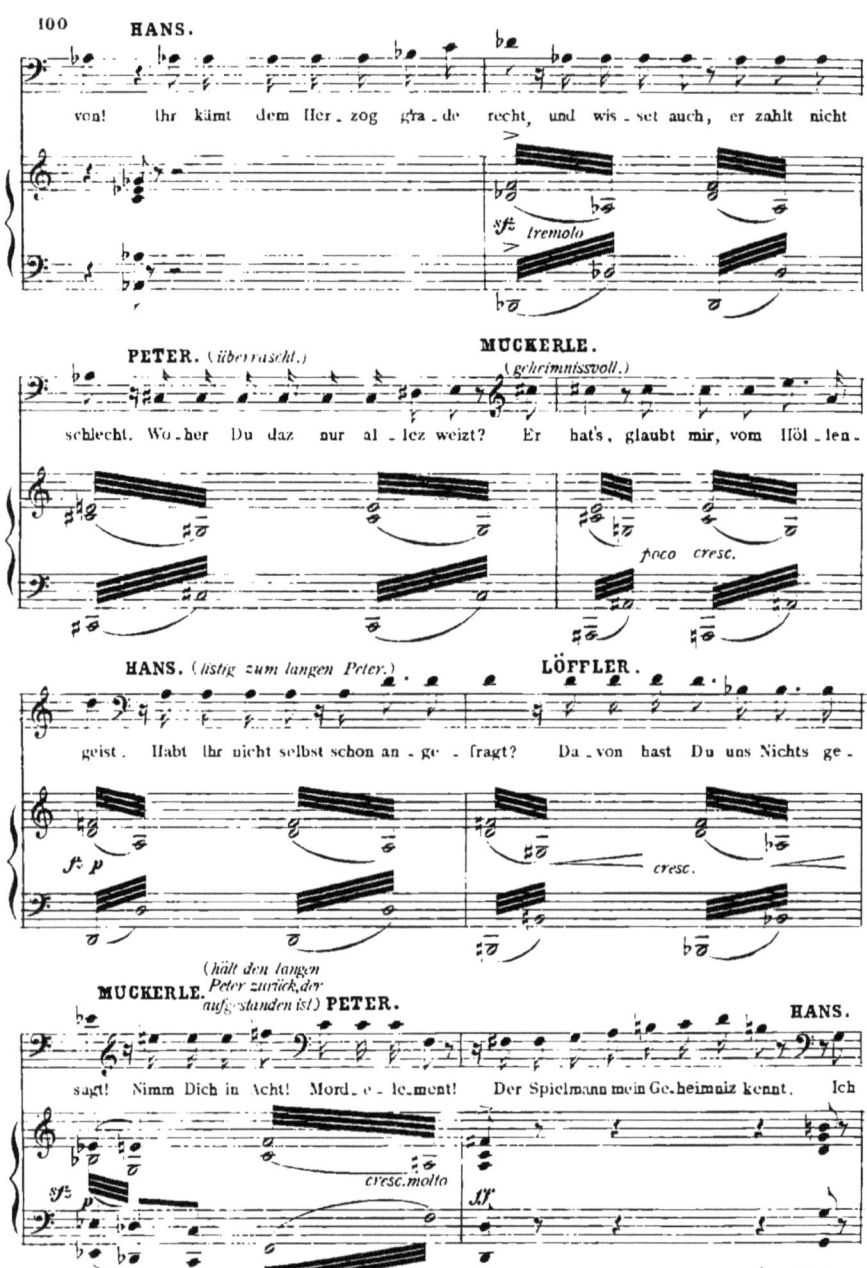

Maas wie vor. Al - ter, al - ter Maas wie vor. Und was ist mit ihm ge-scheh'n?

Maas wie vor. Al - ter, al - ter Maas wie vor. Und was ist mit ihm ge-scheh'n?

Lands-knecht war kein Thor; konn-te kaum noch auf-recht steh'n, al - ter Maas wie

Lands-knecht war kein Thor; konn-te kaum noch auf-recht steh'n, al - ter Maas wie

(Hans nimmt Abschied von sei-
(Die Landsknechte marschiren
(Bärbele will ihrem Vater nach-

ner Tochter und verlässt mit den Hauptleuten die Stube.)
ab.)
eilen, doch sinkt sie kraftlos auf eine Bank.)

(Der Vorhang fällt langsam.)

Verwand-
lung.

(Zweiter Akt.)
II. Bild.

№ 14. Introduction, Scene und Arie.

(Felsige Anhöhe, vom Walde umsäumt; rükwärts die Burg Lichtenstein. Heftiger Sturm. Gewitter, es ist Nacht.)

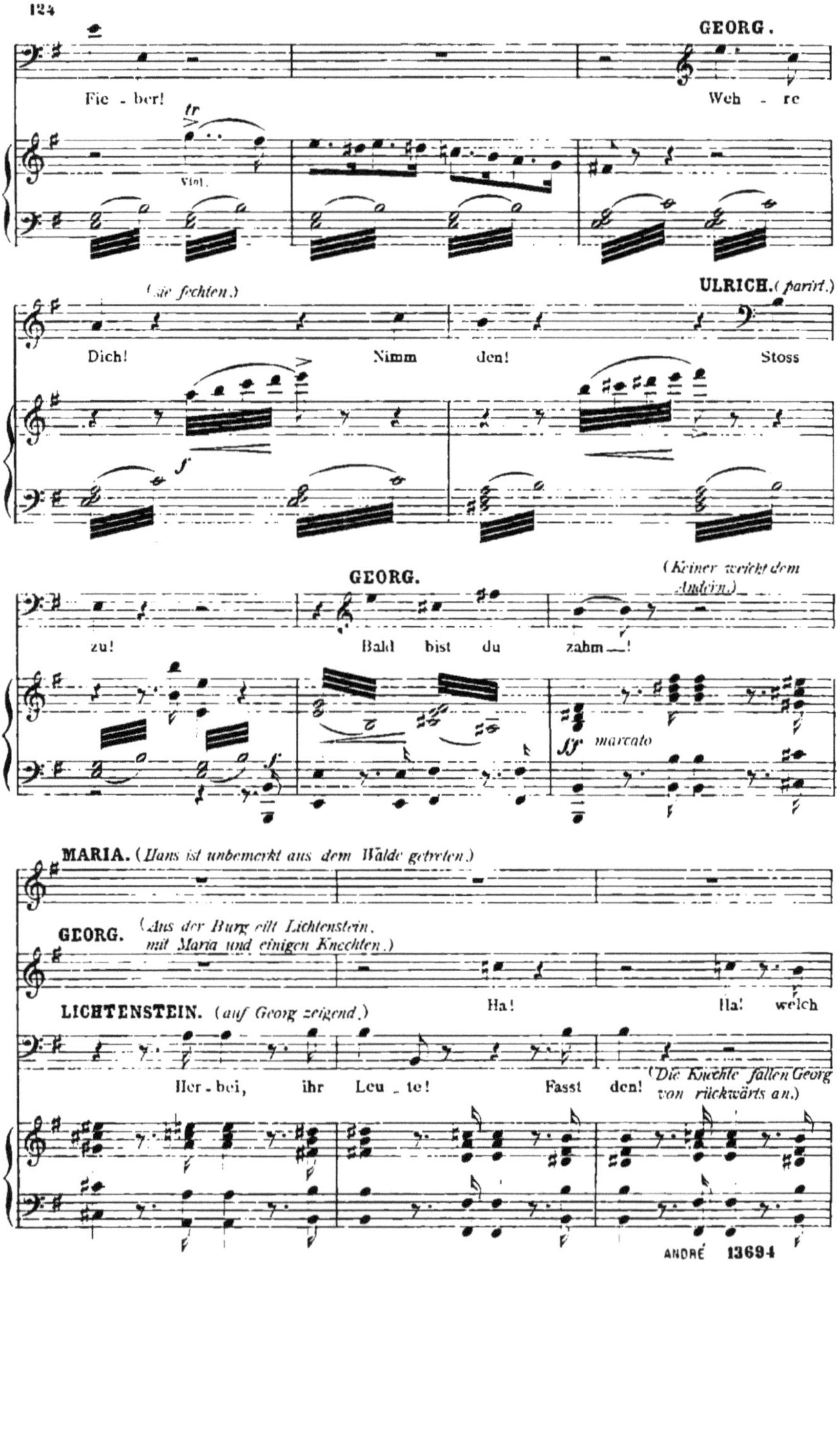

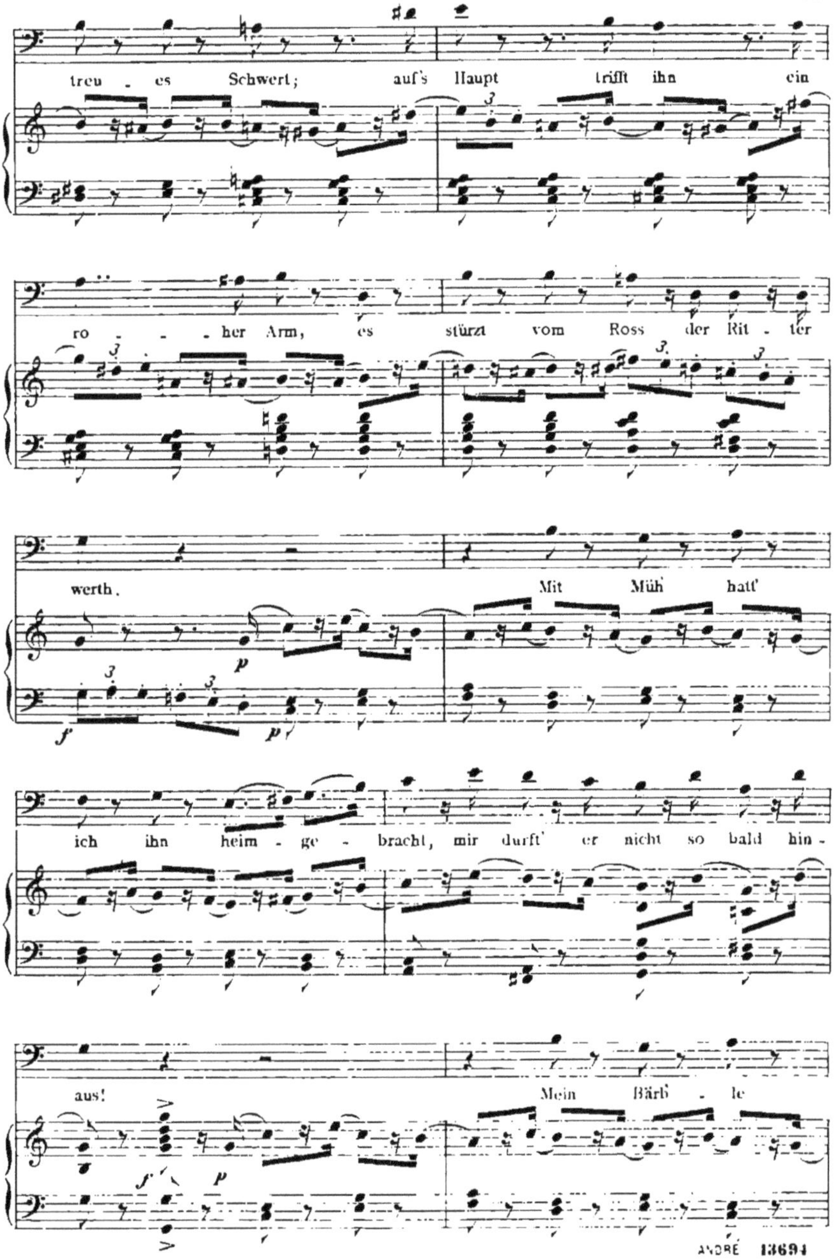
treu - es Schwert; auf's Haupt trifft ihn ein
ro - - her Arm, es stürzt vom Ross der Rit - ter
werth. Mit Müh hatt'
ich ihn heim - ge - bracht, mir durft' er nicht so bald hin -
aus! Mein Bärb - le

Dritter Akt.

(Schlossplatz zu Stuttgart.)

№ 16. Introduction und Kirchenscene.

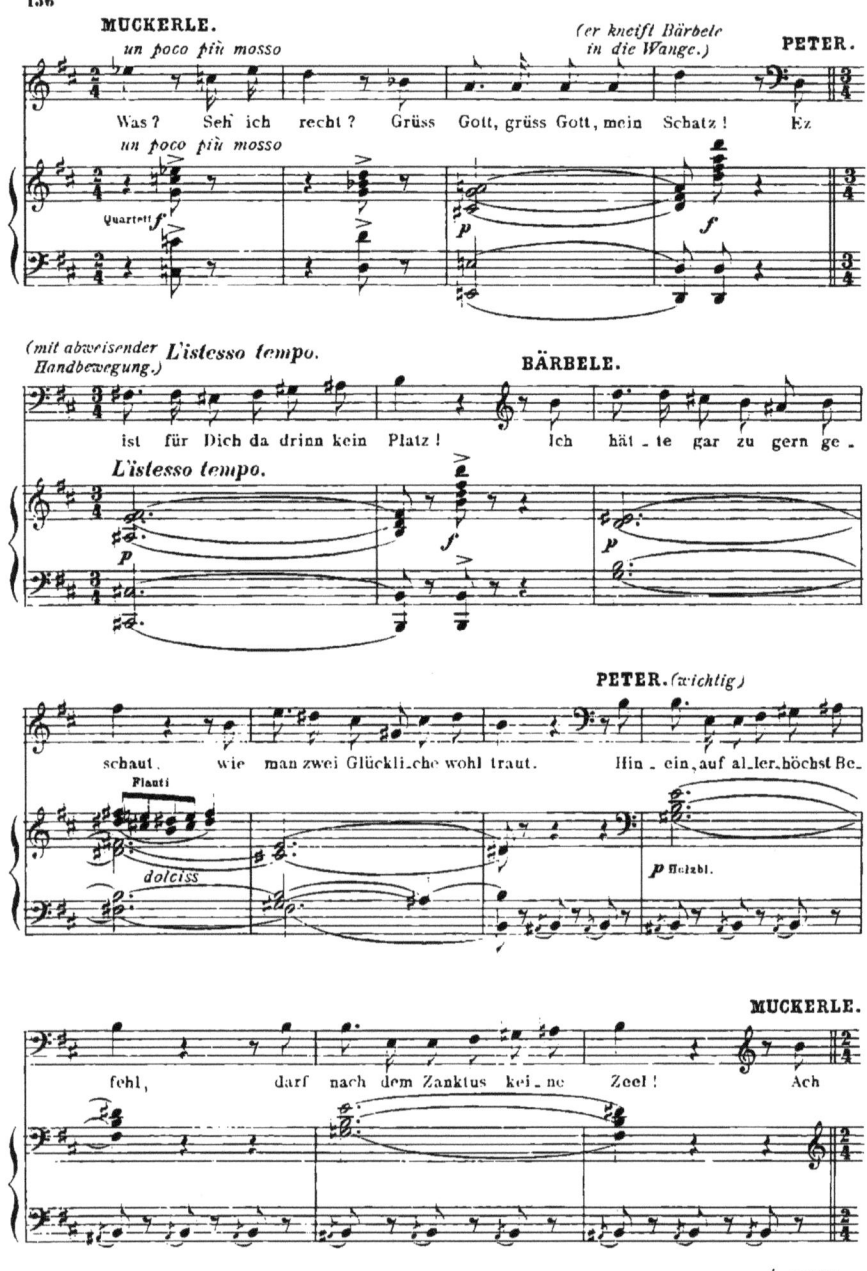

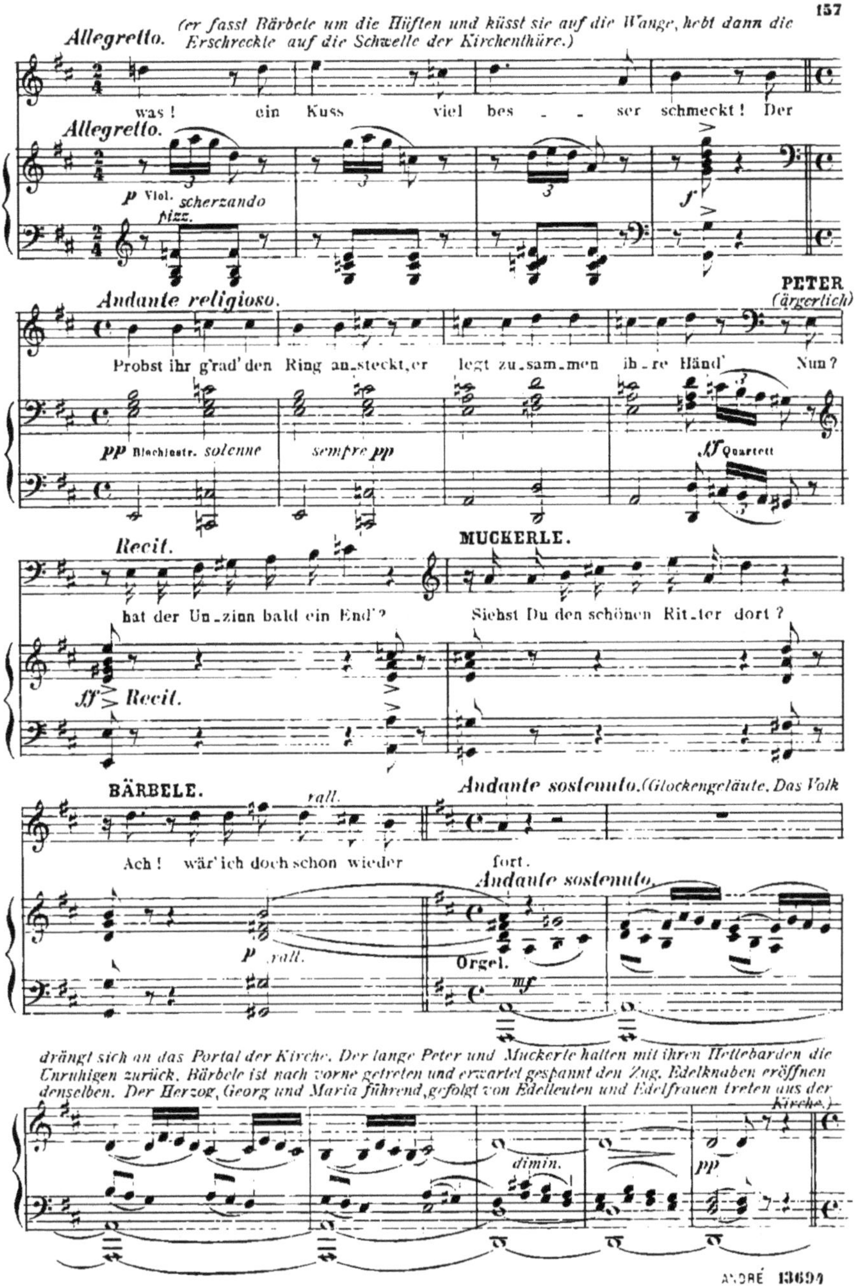
Allegretto.
(er fasst Bärbele um die Hüften und küsst sie auf die Wange, hebt dann die Erschreckte auf die Schwelle der Kirchenthüre.)
was! ein Kuss viel bes - - ser schmeckt! Der
Allegretto.
p Viol. scherzando
pizz.
f
Andante religioso.
Probst ihr g'rad' den Ring an-steckt, er legt zu-sam-men ih-re Händ'
PETER
(ärgerlich)
Nun?
pp Blechinstr. solenne
sempre pp
ff Quartett
Recit.
hat der Un-zinn bald ein End'?
MUCKERLE.
Siehst Du den schönen Rit-ter dort?
ff Recit.
BÄRBELE.
Ach! wär' ich doch schon wie-der fort.
rall.
Andante sostenuto. (Glockengeläute. Das Volk
Andante sostenuto.
p rall.
Orgel.
mf
drängt sich an das Portal der Kirche. Der lange Peter und Muckerle halten mit ihren Hellebarden die Unruhigen zurück. Bärbele ist nach vorne getreten und erwartet gespannt den Zug. Edelknaben eröffnen denselben. Der Herzog, Georg und Maria führend, gefolgt von Edelleuten und Edelfrauen treten aus der Kirche.)
dimin.
pp

(Dritter Akt.)

№ 17. Scene und Ensemble.

(*Dietrich wird freigelassen, umarmt freudig Georg und begrüsst Maria. Inzwischen haben die Leute Calmus verkehrt auf einem Esel sitzend gebracht, und ziehen jubelnd mit ihm ab.*)

(Dritter Akt.)
№ 18. Trinklied und Chor.

(Dritter Akt.)

№ 19. Fackeltanz und Hochzeitsreigen.
a. Fackeltanz.

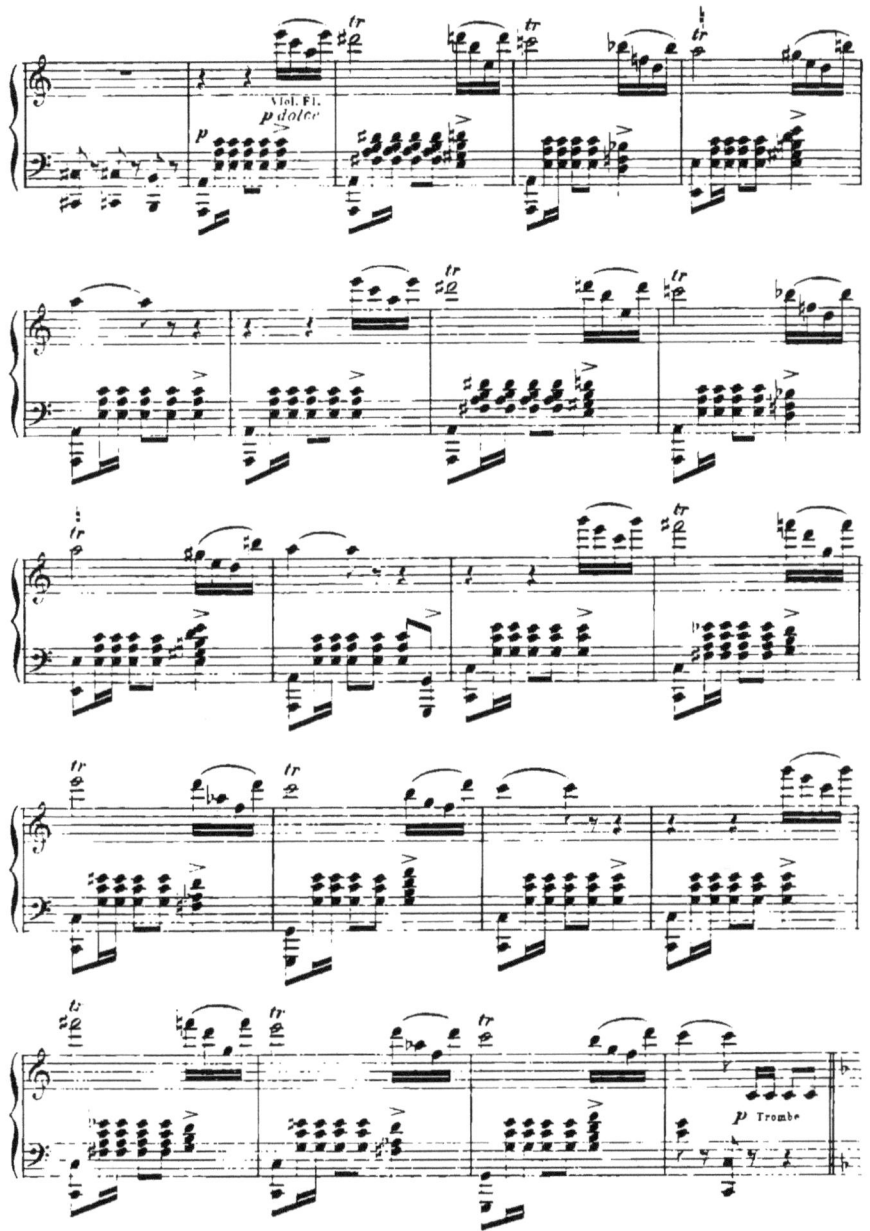

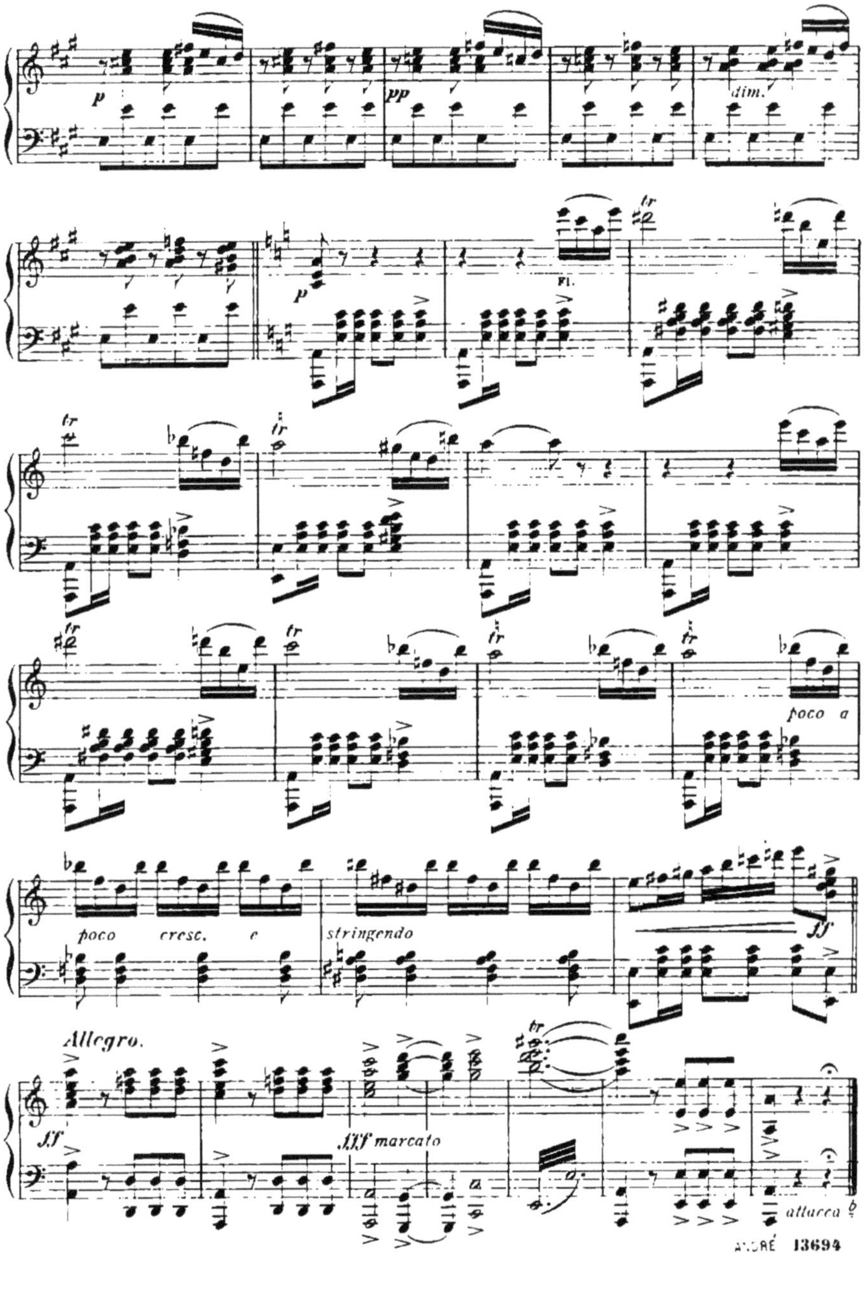
p
dim.
pp
Fl.
tr
poco a
poco cresc. e
stringendo
ff
Allegro.
fff marcato
attacca

♭ Hochzeitsreigen.

194

(*Georg und Maria, von den Begleitern umringt, sind im Begriffe zu gehen; da erscheint, bleich und verstört, der Pfeifer von Hardt.*)

Vierter Akt.

(In einem anmuthigen Thale, von hohen Bergen umsäumt, zeigt sich das Lager der Bündischen. In der Ferne lassen sich die Umrisse der Burg Lichtenstein erkennen. Vor dem Zelte Frondsberg's ist die Bundesfahne aufgepflanzt. — Es ist gegen Morgen; der erblassende Mond steht tief am Himmel. Im Lager herrscht Ruhe; selbst die wachhabenden Landsknechte sind, auf ihre Hellebarden gestützt, eingenickt. Allmählich färbt sich der Himmel heller; bald erglüht die Burg im rosigen Scheine der aufgehenden Sonne. Aus der Ferne tönt leiser Trommelwirbel, der lauter und lauter wird. Die eingeschlummerten Landsknechte erwachen und reiben sich schlaftrunken die Augen. Im Lager wird es nach und nach lebendig.)

N⁰ 21. Introduction & Chor.

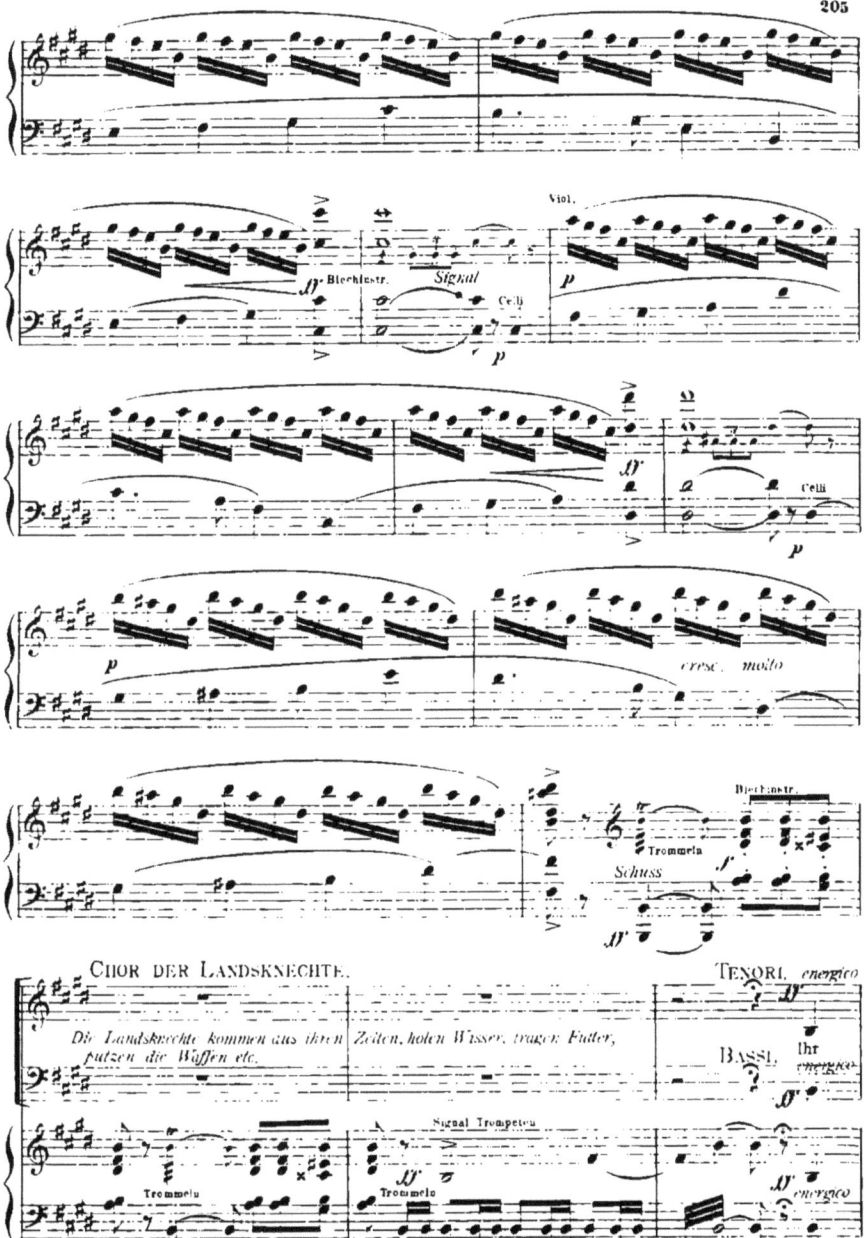

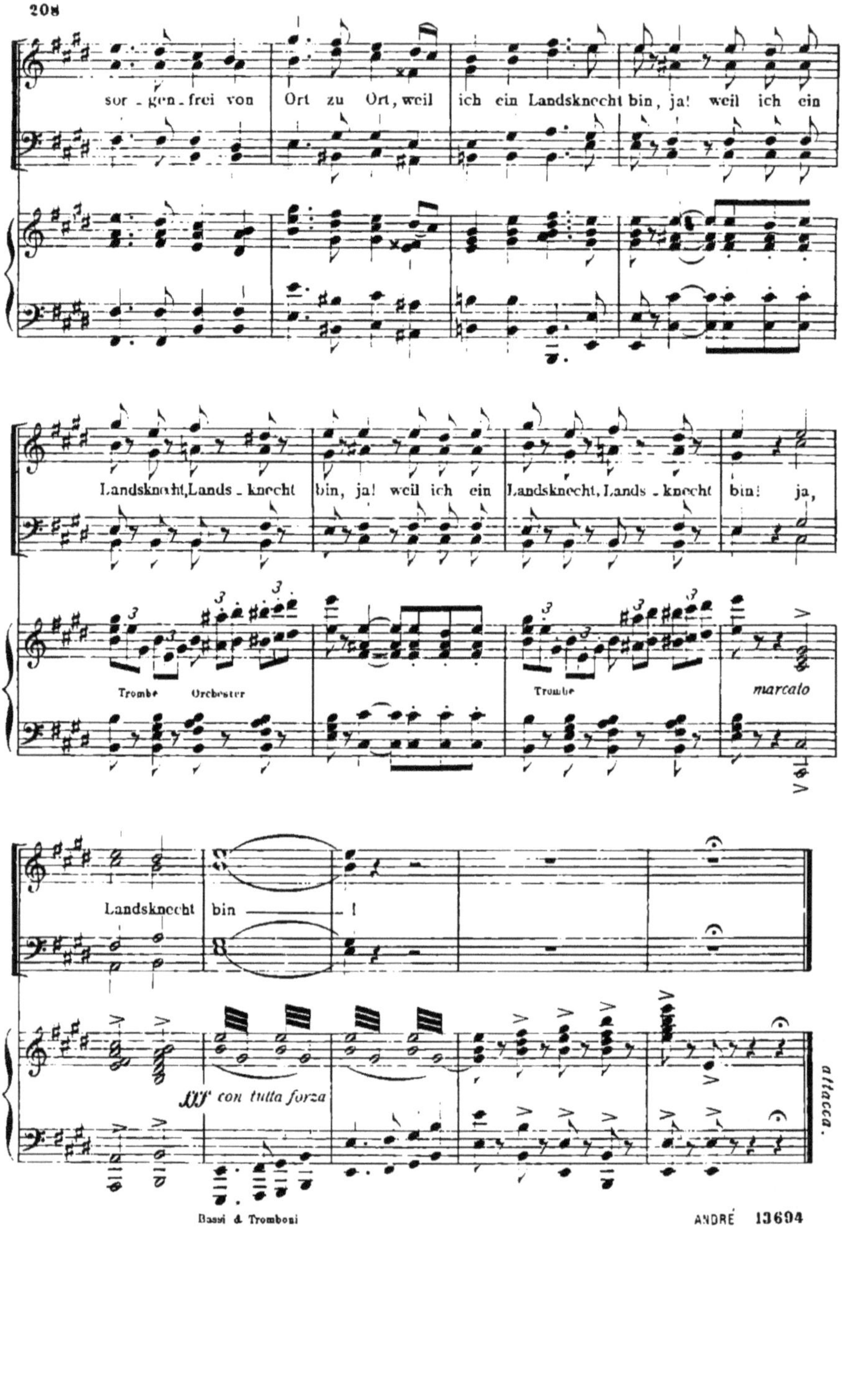
sor - gen - frei von Ort zu Ort, weil ich ein Landsknecht bin, ja! weil ich ein
Landsknecht, Lands - knecht bin, ja! weil ich ein Landsknecht, Lands - knecht bin! ja,
Trombe
Orchester
Trombe
marcato
Landsknecht bin —— !
fff con tutta forza
attacca.
Bassi d. Tromboni

(Vierter Akt.)

№ 22. Scene & Recitativ.

(Vierter Akt.)

№ 23. Chor & Ensemble.

(Die Landsknechte drängen sich neugierig, um zu sehen, wer naht.)

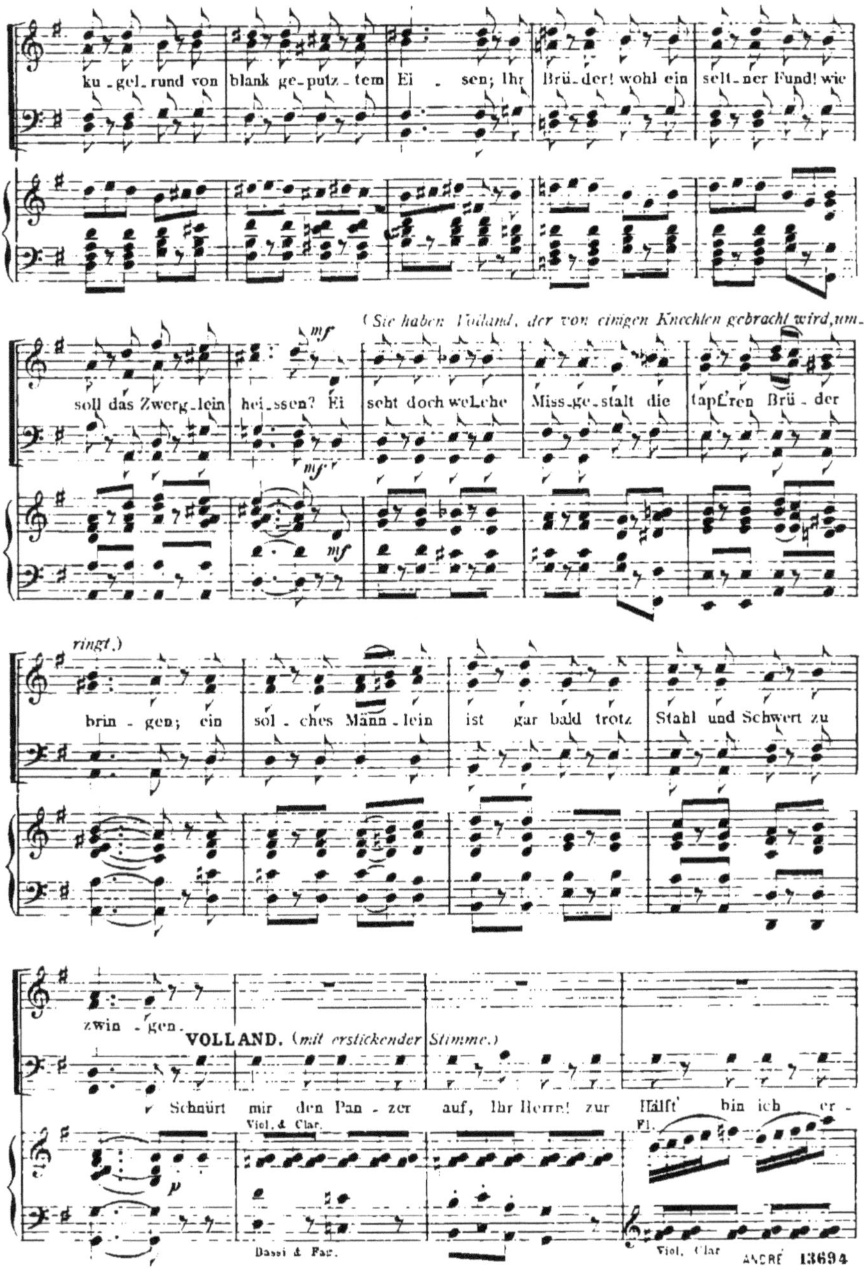
ku - gel - rund von blank ge - putz - tem Ei - sen; Ihr Brü - der! wohl ein selt - ner Fund! wie
(Sie haben Volland, der von einigen Knechten gebracht wird, umringt.)
mf
soll das Zwerg - lein hei - ssen? Ei seht doch welche Miss - ge - stalt die tapf'ren Brü - der
brin - gen; ein sol - ches Männ - lein ist gar bald trotz Stahl und Schwert zu
zwin - gen.
VOLLAND. (mit erstickender Stimme.)
Schnürt mir den Pan - zer auf, Ihr Herrn! zur Hälft' bin ich er -
Viol. & Clar.
Fl.
p
Bassi & Fag.
Viol. Clar.

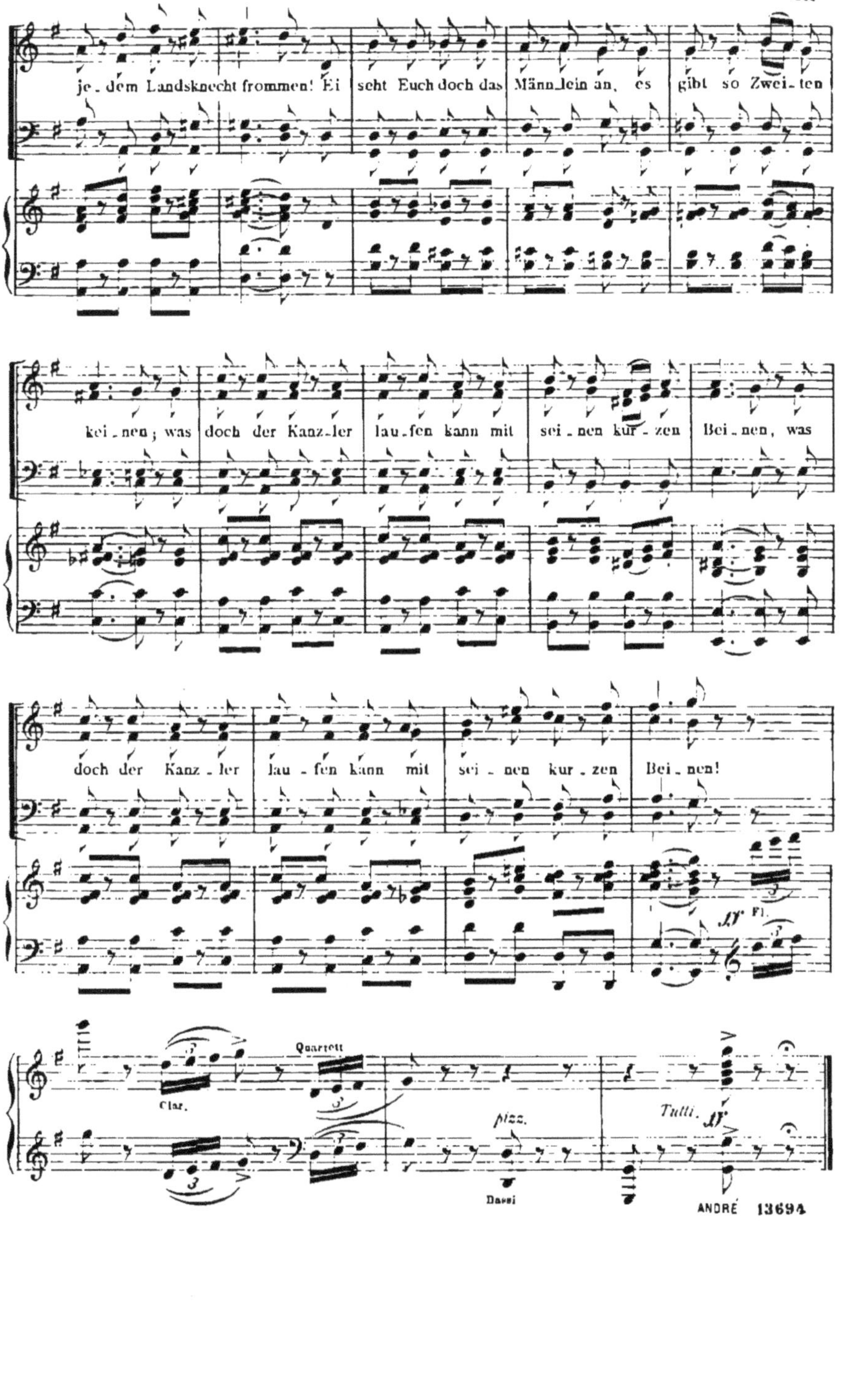
je_dem Landsknecht frommen! Ei seht Euch doch das Männ_lein an, es gibt so Zwei_ten
kei_nen; was doch der Kanz_ler lau_fen kann mit sei_nen kur_zen Bei_nen, was
doch der Kanz_ler lau_fen kann mit sei_nen kur_zen Bei_nen!
ff Fl.
Quartett
Clar.
pizz.
Bassi
Tutti. ff

218

(Vierter Akt.)

N⁰ 23 bis Recitativ.

(*Waldburg kommt aus seinem Zelte und erblickt den Fliehenden.*)

N⁰ 24. Finale.

(*Neuer Trommelwirbel und Trompeten-Zeichen, die Landsknechte drängen sich abermals, um zu sehen, was es gibt. Die Bundes-Obersten sammeln sich um Frondsberg und Waldburg.*)

(Waldburg starrt in des Ritters Gesicht und
Sturm-fe - der!
fff wild.
springt zornig auf die Häscher zu.)
Ver-rä - ther! was habt Ihr an-ge-richt't? ist das der Her-zog? Wo steckt
Recit.
fz
Quartett
p
Cal-mus, der Euch ge-führt?
DIE HÄSCHER.
Er - schla - gen ward
cresc.
f
Corni (gestopft.)
Blechinstr.
Corni
WALDBURG.
er auf der Brü - cke bei Kön - gen!
Er-schla - gen!
mf

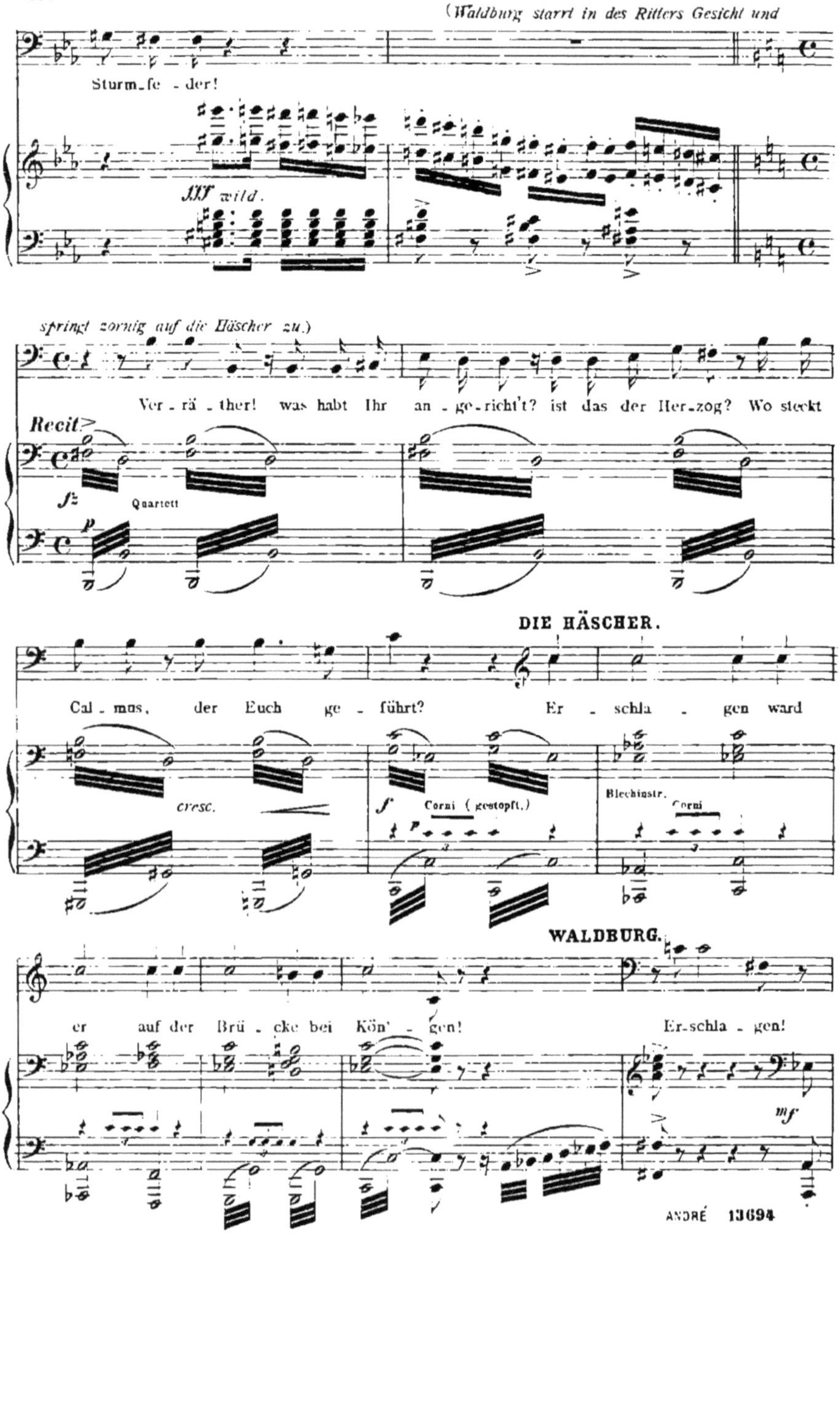

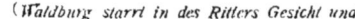